ITALIENISCHE
Küche

Wendy Berecry

KÖNEMANN

SUPPEN UND VORSPEISEN

Ein Familienmahlzeit fängt in Italien gewöhnlich mit einer einfachen Vorspeise an. Sie kann aus einer Auswahl von Salami, Meeresfrüchten, Oliven, Käse und pikantem eingelegtem Gemüse oder einfach aus frischem Gemüse bestehen, das mit gutem Olivenöl angemacht ist.

Meeresfrüchte-Tomatensuppe

Nur mit frischen Kräutern.

Vorbereitungszeit: 20 Min.
Kochzeit: 15 Min.
Für 4 Personen

750 g Muscheln in der Schale
500 g Fischfilet
750 g frische Garnelen
250 g kleine Calamari oder Tintenfischfangarme
2 EL Olivenöl
1 kleingeschnittene Zwiebel
1 Meßbecher geschnittener Fenchel
2 zerdrückte Knoblauchzehen
2 kleine rote Peperoni, feingeschnitten
1 Dose Tomaten (425 g)
2 EL Tomatenmark
2 l Fischbrühe
2 EL Petersilie

1 Die Muscheln in einen Topf mit leicht kochendem Wasser geben und vom Feuer nehmen, sobald sie sich öffnen. Aus den Schalen lösen und alle Muscheln, die sich nicht öffnen, wegwerfen. Vier Schalen für die Garnierung zurückbehalten und die restlichen wegwerfen.

2 Die Fischfilets in mundgerechte Stücke schneiden, Garnelen schälen und die dunkelfarbige Rückenvene entfernen, die Tintenfischarme in Ringe schneiden.

3 Öl erhitzen, Zwiebeln, Fenchel, Knoblauch und Peperoni darin gar kochen.

4 Die zerdrückten Tomaten, den Tomatensaft aus der Dose, Tomatenmark, Fischbrühe und Petersilie dazugeben, zum Kochen bringen. Zudecken und 5 Min. auf kleiner Flamme kochen lassen.

5 Meeresfrüchte beifügen, 3 Min. bei kleinster Hitze kochen lassen oder so lange, bis die Meeresfrüchte gerade gar sind.

Mit einer Schere die gekochten Muscheln von den Schalen lösen.

Fisch in Würfel schneiden, die Garnelen schälen und die Rückenvene entfernen.

Feingeschnittene Petersilie in die Suppe geben. 5 Min. leicht kochen lassen.

Die vorbereiteten Meeresfrüchte zugeben und 3 Min. leicht kochen lassen.

Nudelsuppe mit Fleischkügelchen und Bohnen

Vorbereitungszeit: 20 Min.
Kochzeit: 30 Min.
Für 6 Personen

500 g gehacktes Rindfleisch	*2 gehackte Zwiebeln*
60 g frisches Paniermehl	*2 gewürfelte Kartoffeln*
150 g Tomatenmark	*2 gewürfelte Möhren*
2 TL getrockneter Oregano	*90 g kleine Makkaroni*
Öl zum Braten	*200 g Erbsen (aus der Dose oder tiefgekühlt)*
2 l Hühnerbrühe	*1 Dose (310 g) abgetropfte rote Kidneybohnen*

1 Hackfleisch, Paniermehl, Tomatenmark und Oregano vermischen. Aus je einem Teelöffel dieser Mischung Kügelchen formen.

2 Öl erhitzen, Fleischkügelchen hineingeben, rundherum braten, bis sie gar und goldbraun sind. Auf Haushaltspapier legen, abtropfen lassen.

3 Brühe, Zwiebeln, Kartoffeln und Möhren in einen Topf geben und zum Kochen bringen. Makkaroni beifügen, zudecken und ca. 10 Min. köcheln lassen, bis das Gemüse und die Makkaroni gar sind.

4 Fleischkügelchen, Erbsen und Kidneybohnen dazugeben. 5 Min. köcheln lassen.

Hackfleisch, Paniermehl, Tomatenmark und Oregano zu einer gleichmäßigen Masse kneten.

Fleischkügelchen auf saugfähigem Papier abtropfen lassen.

Makkaroni in die Suppenmischung geben und al dente (bißfest) kochen.

Fleischkügelchen, Erbsen und Kidneybohnen beifügen und 5 Min. köcheln lassen.

Golden gebratene Sardinen mit Sambuca

8 kleine frische Sardinen
Mehl zum Bestäuben
2 Eier
2 EL kleingeschnittene Petersilie
2 EL geriebener Parmesan
2 EL Sambuca
frischgemahlener schwarzer Pfeffer
60 g Butter
Zitronenscheiben

Vorbereitungszeit: 10 Min.
Kochzeit: 3 Min.
Für 4 Personen

1 Fischköpfe abschneiden. Die Sardinen der Unterseite entlang aufschneiden, aufklappen und flachdrükken, die Seite mit der Haut oben. Das Rückgrat entlangfahren und entfernen. Die Fische waschen und abtrocknen.

2 Die Sardinen leicht mit Mehl bestäuben. Die leicht verquirlten Eier mit der Petersilie, dem Parmesan, dem Sambuca und dem Pfeffer vermischen. Die Fische darin wenden.

3 In heißer Butter jeweils eine Lage Fisch von beiden Seiten ca. 1 Min. braten lassen. Auf Haushaltspapier abtropfen lassen. Mit Zitrone und Petersilie servieren.

TIP
Sardinen gibt es nicht immer frisch zu kaufen. An ihrer Stelle kann man auch tiefgekühlte verwenden.

Die Köpfe abschneiden, die Sardinen aufklappen und flachdrücken.

Ein kleines scharfes Messer verwenden, um das Rückgrat leicht entfernen zu können.

Den bemehlten Fisch in der Eiermischung wenden.

Die Sardinen nacheinander braten, bis sie goldgelb sind.

Gemischte Antipasto-Platte

Vorbereitungszeit: 45 Min.
Kochzeit: 30 Min.
Für 4 Personen

ZUTATEN FÜR DIE FRITTATA-ECKEN:	ZUTATEN FÜR DIE GEGRILLTEN MUSCHELN:
4 Eier	500 g Muscheln mit Schale
160 ml Sahne	2 EL Zitronensaft
2 EL geriebener Parmesan	1 zerdrückte Knoblauchzehe
6 Scheiben dünne italienische Salami	1 kleine rote Peperoni, feingeschnitten
1 EL kleingeschnittenes Basilikum	Petersilie

1 Für die Frittata-Ecken die Eier mit der Sahne gleichmäßig verquirlen. Den Käse, die Salami und das Basilikum darunterrühren.

2 Die Mischung in eine gefettete Backform (20 cm Durchmesser) geben und bei mäßiger Hitze (180 °C) ca. 25 Min. backen, bis sie fest und goldbraun ist. Auf Zimmertemperatur abkühlen lassen und in kleine Dreiecke schneiden.

3 Die Muscheln in einen Topf mit leicht kochendem Wasser geben. Herausnehmen, wenn sich die Schalen öffnen. Alle Muscheln wegwerfen, die sich nicht öffnen.

4 Die Muscheln ganz öffnen und sie mit einer Schere von den Schalen lösen. Die Muscheln wieder in eine Schalenhälfte legen und die übrigen Schalen wegwerfen.

5 Den Zitronensaft mit dem Knoblauch und der Peperoni vermischen. Über die Muscheln verteilen. Die Muscheln auf den Grillrost geben und sie bei mäßiger Hitze grillen, bis sie heiß sind. Vor dem Servieren Petersilie darüberstreuen.

6 Um die Antipasto-Platte fertigzumachen, die Frittata-Ecken und die gegrillten Muscheln auf eine große Platte geben. Oliven, Artischockenherzen aus der Dose, Tomatenscheiben und Mozzarella oder Bocconcini-Käse dazulegen. Dabei alles so anordnen, daß eine reizvolle Mischung von Farben und Formen entsteht.

Den geriebenen Käse und die Salami gut mit den Eiern und der Sahne vermischen.

Die Mischung in eine eingefettete Auflaufform von 20 cm Durchmesser geben.

Die Mischung aus Zitronensaft, Knoblauch und Peperoni über die Muscheln geben.

Die Muscheln auf dem Grillrost verteilen. Grillen, bis sie heiß sind.

Paprikaschoten in Kräutermarinade

4 rote Paprikaschoten
100 ml Olivenöl
2 EL Zitronensaft
1 EL kleingeschnittenes Basilikum
1 EL feingeschnittene Petersilie
2 EL Oregano
8 Blätter Römersalat
8 Blätter Eichenlaubsalat
200 g gewürfelter Fetakäse

Vorbereitungszeit:
20 Min. + 2 Std. für das Marinieren
Kochzeit:
5 Min.
Für 4 Personen

1 Paprikaschoten vierteln, Stiele und Kerne entfernen. Mit der Haut nach oben auf vorgeheiztem Grill so lange grillen, bis die Haut sich zu lösen beginnt und dunkel wird. 5 Min. lang mit einem sauberen, feuchten Geschirrtuch bedeckt stehen lassen. Die Haut abziehen und die Paprika in Streifen schneiden.

2 Öl, Zitronensaft, Basilikum, Petersilie und Oregano vermengen, Paprikastreifen beifügen. Mindestens 2 Std. ziehen lassen, noch besser über Nacht.

3 Paprikastreifen mit den Römersalat- und den Eichenlaubblättern und dem Käse servieren.

Dieses Gericht kann als Vorspeise oder zu jedem Fleischgericht serviert werden.
Römersalat ist auch unter dem Namen Latugasalat bekannt.

Paprikaschoten vierteln. Stiele, Kerngehäuse und Kerne entfernen.

Die gelöste Haut sorgfältig von den Paprikaschoten abziehen.

Paprikaschoten in lange, 2 cm breite Streifen schneiden.

Die übrigen Zutaten über die Paprikaschoten gießen und ziehen lassen.

S
P

Carpaccio

400 g Rinderfilet am Stück
Olivenöl
etwas frischer Parmesan am Stück
frischgemahlener schwarzer Pfeffer
evtl. Salz
Zitronenscheiben

Vorbereitungszeit: 20 Min.
Kochzeit: keine
Für 4 Personen

1 Das Filet für 2 Std. oder bis es fest, aber noch nicht hartgefroren ist, ins Gefrierfach legen. Mit einem scharfen Messer eventuell noch vorhandenes Fett entfernen. Das Filet in hauchdünne Scheiben schneiden. Jeweils eine Schicht der Scheiben auf die Teller oder eine große Platte legen.
2 Das Fleisch mit Öl beträufeln. Mit einem Sparschäler Parmesanscheibchen vom Käse hobeln und sie über das Fleisch geben.
3 Pfeffer und Salz über das Fleisch streuen und etwas Zitronensaft darüberträufeln.

Für dieses Rezept sollte man Fleisch von guter Qualität mit wenig Fett und Sehnen nehmen. Wieviel man von den übrigen Zutaten verwenden will, hängt vom persönlichen Geschmack ab. Deshalb kann man sie auch separat servieren, so daß die Gäste sich selbst bedienen können.

TIP
Vielleicht können Sie sich das Fleisch in Ihrem Feinkostgeschäft mit der Maschine schneiden lassen.

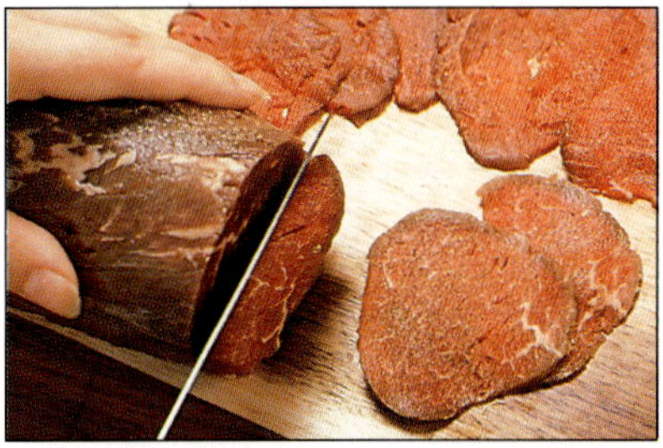

Alles Fett entfernen. Das Filet in hauchdünne Scheiben schneiden.

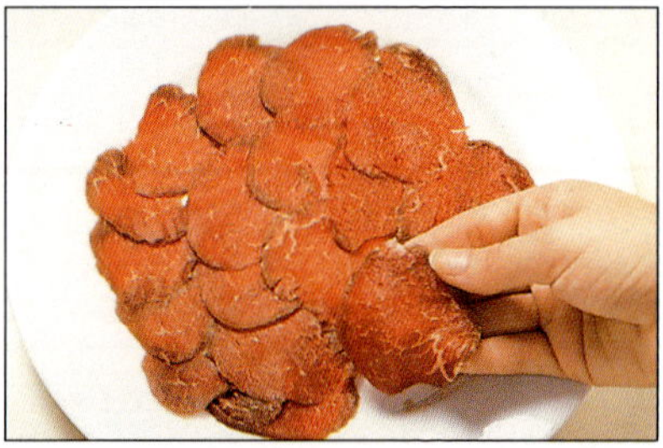

Eine Schicht von Fleischscheiben auf eine Platte legen.

Hochwertiges Olivenöl gleichmäßig über das Filet träufeln.

Mit einem Sparschäler dünne Scheibchen Parmesan hobeln.

Gemüse und Salate

Gemüse spielen in der italienischen Küche eine große Rolle. Sie werden als Antipasto, mit Pasta oder als Beilagen gereicht. Die am häufigsten verwendeten Gemüsearten sind Auberginen, Paprikaschoten und Zucchini.

Genueser Bohnen-Kartoffelauflauf

500 g Kartoffeln
500 g grüne Bohnen
2 Eier
60 g geriebener Parmesan
2 EL kleingeschnittene Petersilie
2 EL kleingeschnittener Dill
frischgemahlener schwarzer Pfeffer
60 g frisch hergestelltes Paniermehl
2 EL Olivenöl

Vorbereitungszeit: 20 Min.
Kochzeit: 30 Min.
Für 6 Personen

1 Kartoffeln schälen und in Stücke schneiden. Gar kochen, abtropfen lassen und zerstampfen.
2 Bohnen putzen, grob zerkleinern und gar kochen, abtropfen lassen. Zerstampfen oder in der Küchenmaschine zerkleinern, bis ein grober Brei entsteht.
3 Kartoffeln und Bohnen mit den leicht verquirlten Eiern, dem Parmesan, der Petersilie, dem Dill und dem Pfeffer vermischen.
4 In 6 kleine Auflaufförmchen oder in eine Backform (23 cm Durchmesser) oder eine Auflaufform (1 l Inhalt) geben. Paniermehl und Öl miteinander vermengen und darüber verteilen. Bei mäßiger Hitze (180 °C) ca. 30 Min. backen, bis der Auflauf gar ist und eine hellbraune Kruste hat.

Dieses Gericht kann zu jedem Fleischgericht serviert werden. Man kann es aber auch als leichte Vorspeise reichen.

Tip
Verwenden Sie weder Küchenmaschine noch Mixer, um die Kartoffeln zu pürieren, sie könnten klebrig werden.

Kartoffeln ohne Milch oder Butter zerstampfen.

Die gekochten Bohnen mit der Küchenmaschine zerkleinern, bis ein grober Brei entsteht.

Kartoffeln und Bohnen zusammenrühren, Parmesan dazugeben und gut vermengen.

Um Paniermehl zu machen, zerkleinern Sie Brot ohne Rinde in der Küchenmaschine.

Römersalat mit Käse und Walnüssen

Vorbereitungszeit: 15 Min.
Kochzeit: 10 Min.
Für 4 Personen

2 Scheiben Weiß- oder Graubrot
30 g Butter
2 kleingeschnittene Speckstreifen
1/2 großer Römersalat
60 g zerbröckelter Gorgonzola
40 g grobgehackte Walnüsse

DRESSING:
1 kleines Ei
80 ml Olivenöl
1 EL Zitronensaft
1 Sardellenfilets aus der Dose
1 TL Senf

1 Brotrinde abschneiden, das Brot in Würfel von 1 cm Seitenlänge schneiden. Butter in der Pfanne schmelzen. Brotwürfel darin bräunen, auf Haushaltspapier abtropfen lassen.

2 Speck in die Pfanne geben. Unter Rühren braun werden lassen. Auf Haushaltspapier abtropfen lassen.

3 Salat in mundgerechte Stücke schneiden oder brechen. Zusammen mit den Brotwürfeln, dem Speck, dem Käse und den Walnüssen in eine Salatschüssel geben und gut vermengen.

4 Für das Dressing: Das Ei vorsichtig in kochendes Wasser geben, 1 Min. kochen und herausnehmen. Das Ei in einen Mixer schlagen. Öl, Zitronensaft, Sardellenfilets und Senf dazugeben und glattmixen. Vor dem Servieren über den Salat gießen.

TIP

☐ Die Brotwürfel und der Speck werden am besten kurz vor dem Servieren gebraten. Sie können aber auch vorher vorbereitet und bei mäßiger Hitze (180 °C) während 5 Min. wieder knusprig gemacht werden.

☐ Das beste Öl für Salatdressings ist kaltgepreßtes Olivenöl, das aus der ersten Pressung der Oliven gewonnen wird. Es hat eine grünliche Farbe, ist dickflüssiger und hat ein intensiveres Aroma als andere Olivenölsorten. Letztere kann man gut zum Kochen verwenden.

Brotwürfel in Butter rösten, bis sie leicht gebräunt sind.

Den Speck beidseitig braten, bis er knusprig und braun ist.

Den Salat waschen, abtropfen lassen und in mundgerechte Stücke brechen.

Den Salat mit den Brotwürfeln, dem Speck, dem Käse und den Walnüssen vermengen.

Neapolitanischer Blumenkohl

1/2 mittelgroßer Blumenkohl
1 Dose Tomaten (425 g)
1 EL Olivenöl
1 feingehackte Zwiebel
12 gefüllte Oliven, in dünne Scheiben geschnitten
2 TL kleingeschnittene Kapern
1/2 TL Zucker

Vorbereitungszeit: 15 Min.
Kochzeit: 10 Min.
Für 4 Personen

1 Den Blumenkohl in die einzelnen Röschen zerteilen. Kochen, dämpfen oder in der Mikrowelle garen. Abtropfen lassen und abschrecken.
2 Die Tomaten zusammen mit dem Tomatensaft im Mixer pürieren, durch ein Sieb streichen, um die Kerne zu entfernen.
3 Öl in einer Pfanne erhitzen, Zwiebeln hineingeben und gar werden lassen. Die pürierten Tomaten, Oliven, Kapern und den Zucker dazugeben. Auf kleinem Feuer erhitzen.
4 Den Blumenkohl in der Sauce wenden und sofort servieren.
Dieses Gericht kann zu jedem Fleischgang oder als Teil einer Antipasto-Platte serviert werden. Es ist praktisch, wenn man Gäste hat, weil man es am Vortag kochen und kurz vor dem Servieren wieder aufwärmen kann.

Den Blumenkohl waschen und in die einzelnen Röschen zerteilen.

Die pürierten Tomaten durch ein feines Sieb streichen, um die Kerne zu entfernen.

Die in Scheiben geschnittenen Oliven und die kleingehackten Kapern der Tomatensauce beigeben.

Den gekochten Blumenkohl in die Sauce geben. Sofort servieren.

Ratatouille mit gebackener Polenta

Vorbereitungszeit: 30 Min.
Kochzeit: 30 Min.
Für 4 Personen

GEBACKENE POLENTA:	*1 Zwiebel, in Scheiben*
120 g bereits mit Backpulver vermischtes Mehl	*2 zerdrückte Knoblauchzehen*
90 g Polenta (Maisgrieß)	*3 große reife Tomaten, geschält und kleingeschnitten*
25 g geriebener Cheddar	
160 ml Milch	
60 g geschmolzene Butter	*1 grüne, in Streifen geschnittene Paprikaschote*
1 leicht verquirltes Ei	
RATATOUILLE:	*120 g Tomatenmark*
1 große Aubergine	*etwas Wasser*
4 Zucchini	*1 TL Oregano*
2 EL Olivenöl	*2 TL Zucker*

1 Für die Polenta: Das Mehl, die Polenta und den Käse in einer Schüssel vermengen. In die Mitte eine Vertiefung eindrücken.
2 Die Milch, die Butter und das Ei miteinander verrühren. Zur Mehlmischung geben und gleichmäßig verrühren.
3 Die Mischung in eine eingefettete Auflaufform (20 cm Durchmesser) geben und bei mäßiger Hitze (180 °C) ca. 25 Min. backen, bis eine hellbraune Kruste entsteht.
4 Für das Ratatouille: Aubergine in 2 cm dicke Scheiben schneiden, diese dann in 2 cm breite Stücke schneiden. Die Zucchini in ebenso große Stücke schneiden.
5 Öl in einem großen Topf erhitzen. Zwiebeln und Knoblauch beigeben und kochen, bis die Zwiebeln gar sind.
6 Aubergine, Zucchini, Tomaten, Paprikaschote, Tomatenpüree, Wasser, Oregano und Zucker dazugeben. Zum Kochen bringen. Zudecken und auf kleinem Feuer ca. 15 Min. kochen, bis das Gemüse gar ist.
Ratatouille mit heißen Polenta-Dreiecken servieren.

Die Mischung aus Milch, Butter und dem Ei in die Mehlmischung rühren.

Die Mischung in eine gut eingefettete Auflaufform (20 cm Durchmesser) geben.

Aubergine und Zucchini in 2 cm breite Streifen schneiden.

Das ganze Gemüse in einen großen Kochtopf geben. Tomatenmark dazufügen.

Pasta, Reis und Pizza

Für viele Leute ist die italienische Küche gleichbedeutend mit Pasta. Hier finden Sie Gerichte aus hausgemachter Pasta oder pasta asciutta *(Nudeln aus der Packung). Pasta kann einfach mit ein wenig Butter und Käse oder mit einer reichhaltigen Sauce serviert werden.*

Spaghetti Puttanesca

Vorbereitungszeit: 15 Min.
Kochzeit: 15 Min.
Für 4 Personen

4 große reife Tomaten (ca. 750 g)
1 EL Olivenöl
2 zerdrückte Knoblauchzehen
2 kleine rote Peperoni, feingeschnitten
100 ml Wasser
12 grüne oder schwarze entsteinte Oliven, in Scheiben geschnitten
8 kleingeschnittene Sardellenfilets
2 TL zerkleinerte Kapern
2 EL feingeschnittene Petersilie
1 EL feingeschnittenes Basilikum
300 g Spaghetti
evtl. geriebener Parmesan

1 Tomaten schälen und Kerne entfernen, grob schneiden.
2 Öl in einem Kochtopf erhitzen. Knoblauch und Peperoni dazugeben und 1 Min. bei mittlerer Hitze kochen. Tomaten und Wasser beigeben, zudekken. Bei kleinster Hitze ca. 10 Min. kochen, bis die Tomaten weich und breiig werden. Sollte sich die Sauce am Kochtopf festsetzen, noch ein wenig Wasser hinzufügen.
3 Oliven, Sardellen, Kapern, Petersilie und Basilikum dazugeben, 3 Min. bei kleiner Hitze kochen lassen.
4 Unterdessen die Spaghetti in sprudelndem Salzwasser kochen, bis sie gar sind. Abtropfen lassen. Zur Sauce dazugeben und auf dem Herd gut vermengen. Wenn gewünscht, die Spaghetti Puttanesca mit frisch geriebenem Parmesan servieren.

Tomaten schälen und mit einem Teelöffel die Kerne entfernen.

Wasser zur Tomatenmischung geben. Zudecken und 10 Min. köcheln lassen.

Oliven, Kapern, Sardellen und Kräuter in die Tomatenmischung geben.

Die gekochten Spaghetti mit der Sauce gut vermengen.

Lasagne mit Spinat, Schinken und Pilzen

Vorbereitungszeit:
30 Min.
Kochzeit:
40 Min.
Für 6 Personen

16 große Spinatblätter
200 g Ricotta
50 geriebener Cheddar
2 EL Olivenöl
1 Zwiebel, feingehackt
2 zerdrückte Knoblauchzehen
200 g kleingeschnittener Beinschinken
300 g feingeschnittene Pilze
1 Dose Tomaten (425 g)
400 g Tomatenpüree
2 EL kleingeschnittenes Basilikum
1 Packung vorgekochte Lasagne (250g)
40 g geriebener Parmesan

1 Den Spinat grob schneiden, kochen oder dämpfen. Abtropfen lassen. Mit dem Ricotta und dem Cheddar vermischen.

2 Öl in einer Pfanne erhitzen, Zwiebeln und Knoblauch hineingeben, die Zwiebeln weich werden lassen. Den Schinken und die Pilze dazugeben, und alles 2 Min. kochen. Die zerdrückten Tomaten zusammen mit dem Tomatensaft und dem Tomatenpüree dazugeben. Das Ganze zum Kochen bringen. Alles ca. 5 Min. auf kleinem Feuer kochen, bis die Sauce eingedickt ist. Das Basilikum hineinrühren.

3 Den Boden einer feuerfesten Form (3 l Inhalt) mit einem Fünftel der Lasagneblätter belegen.
Abwechselnd Spinat, Lasagne und Schinken darüberschichten, mit Lasagne abschließen.

4 Den Parmesan darüberstreuen. Das Gericht zugedeckt bei mäßiger Hitze (180 °C) 30 Min. backen. Den Deckel abnehmen und das Ganze weitere 10 Min. backen, bis die Lasagne gar ist.

TIP
Für vegetarische Lasagne den Schinken durch 2 Dosen (310 g) abgetropfte Kidney-Bohnen ersetzen.

Den Spinat, den Ricotta und den Cheddar gut miteinander vermischen.

Das Tomatenmark zur Schinken-Pilz-Mischung geben.

Die Hälfte der Spinatmischung über die Lasagneblätter verteilen.

Darüber Lasagne schichten, die Hälfte der Schinkenmischung darübergeben. Wiederholen.

Penne mit sahniger Sauce aus Meeresfrüchten

Vorbereitungszeit: 20 Min.
Kochzeit: 20 Min.
Für 6 Personen

500 g frische Garnelen
300 g weißes Fischfilet
200 g Jakobsmuscheln
90 g Räucherlachs
500 ml Hühnerbrühe
30 g Butter
1 gehackte Zwiebel
1 zerdrückte Knoblauchzehe
180 ml Sahne
2 EL Zitronensaft
500 g Penne (aus der Packung)
2 Eigelb
1 EL feingeschnittenes Basilikum

1 Garnelen schälen und die dunkelfarbige Rückenvene entfernen. Den Fisch in Würfel von 3 cm Seitenlänge schneiden, alle Gräten entfernen. Muscheln waschen und den Lachs in Streifen schneiden.

2 Die Brühe zum Kochen bringen. Garnelen ca. 1 Min. köcheln lassen, aus der Brühe nehmen. Den Fisch hineingeben und ca. 1 Min. köcheln lassen, herausnehmen. Die Muscheln hineingeben und ca. 1 Min. köcheln lassen, herausnehmen. Brühe und Meeresfrüchte beiseite stellen.

3 Butter schmelzen, Zwiebeln und Knoblauch beifügen, bei mittlerer Hitze braten, bis die Zwiebeln weich sind.

4 Brühe, Sahne und Zitronensaft dazugeben, zum Kochen bringen. Hitze reduzieren, ca. 5 Min. leicht kochen lassen, bis die Sauce um die Hälfte eingedickt ist.

5 Unterdessen die Pasta in sprudelndem Salzwasser gar kochen, abtropfen lassen.

6 Alle Meeresfrüchte in die Sauce geben und wieder zum Kochen bringen. Vom Feuer nehmen und das Eigelb und das Basilikum schnell hineinrühren. Über die heiße Pasta gießen.

TIP

☐ Für diese Sauce eignen sich alle Meeresfrüchte. Versuchen Sie es mal mit Miesmuscheln, Austern oder Calamari. Man kann jede Art Fischfilet verwenden. Wählen Sie das preisgünstigste oder was gerade am reichlichsten angeboten wird.

☐ Meeresfrüchte muß man nur kurz erhitzen, um sie gar zu bekommen. Sie werden trocken und zäh, wenn sie zu lange gekocht werden.

Garnelen putzen. Fisch schneiden, Jakobsmuscheln säubern und den Lachs in Streifen schneiden.

Brühe zur Sahnemischung geben, unter Rühren zum Kochen bringen.

Alle vorbereiteten Meeresfrüchte in die Sahnemischung geben.

Vom Feuer nehmen. Das verquirlte Eigelb und das Basilikum dazugeben.

Kürbisravioli mit brauner Butter und Pecorino

Vorbereitungszeit: 1 Std.
Kochzeit: 5 Min.
Für 4 Personen

FÜR DIE FÜLLUNG:
500 g Kürbis
2 EL feingeschnittener Schnittlauch
eine Prise Muskatnuß

FÜR DEN RAVIOLI-TEIG:
380 g Mehl
eine Prise Salz
4 leicht verquirlte Eier
1 leicht verquirltes Ei für die Ravioliränder

FÜR DIE SAUCE:
125 g Butter
frisch geriebener Pecorino
Schnittlauch

1 Für die Füllung: Den Kürbis in einer kleinen Backform bei mäßiger Hitze (180 °C) ca. 1 Std. im Ofen backen, bis er gar ist. Abkühlen lassen, alle Kerne entfernen, das Kürbisfleisch aus der Schale lösen und mit einer Gabel zerdrücken. Die Kürbismasse mit Schnittlauch und Muskatnuß vermengen.

2 Für den Ravioliteig: Das Mehl und das Salz in eine Schüssel sieben. In der Mitte eine Vertiefung eindrücken, und die 4 verquirlten Eier hineingeben. Mit einer Gabel langsam zu einem Teig verarbeiten. Auf eine leicht bemehlte Oberfläche geben und ca. 5 Min. leicht kneten, bis der Teig glatt und elastisch ist. Zugedeckt 30 Min. ruhen lassen.

3 Ein Viertel des Teigs mit einer Teigrolle oder einer Nudelmaschine zu einem sehr dünnen Rechteck ausrollen. Dann ein weiteres Viertel zu einem etwas größeren Rechteck ausrollen.

4 Kürbisfüllung in geraden Reihen im Abstand von 5 cm teelöffelweise auf das erste Rechteck verteilen. Den Teig zwischen den Kürbishäufchen ganz leicht mit dem verquirlten Ei bestreichen. Das zweite Teigrechteck sorgfältig darüberlegen. Zwischen den Häufchen zusammendrücken, um die Teigschichten miteinander zu verkleben.

5 Mit einem bemehlten Teigrädchen oder einem scharfen Messer in Quadrate schneiden. Das Ganze mit dem übrigen Teig und der Füllung wiederholen. Eine Schicht der fertigen Ravioli auf ein leicht bemehltes Tablett geben, bis sie gekocht werden sollen. Das Tablett zudecken.

6 Die Ravioli in einem großen Kochtopf in sprudelndem Wasser in ca. 4 Min. gar kochen. Abtropfen lassen. In eine Schüssel geben und warm stellen.

7 Butter in einem Topf erhitzen, bis sie hellbraun, aber nicht zu dunkel ist. Über die Ravioli geben. Pecorino darüberstreuen und mit Schnittlauch garnieren.

Teig und Füllung können am Vortag hergestellt werden. Sie sollten bis zu 2 Std. vor dem Kochen zu Ravioli verarbeitet werden.

Kürbisfüllung teelöffelweise im Abstand von 5 cm verteilen.

Den Teig zwischen den Kürbishäufchen mit leicht verquirltem Ei bepinseln.

Die zweite Teigschicht zwischen den Häufchen zusammendrücken.

Mit einem bemehlten Teigrädchen Quadrate schneiden.

Pancetta-Pastamuscheln mit Spinat und Käse

Vorbereitungszeit: 30 Min.
Kochzeit: 10 Min.
Für 4 Personen

16 sehr große Pastamuscheln
1 EL Olivenöl
1 gehackte Zwiebel
125 g zerkleinerter Pancetta (Speck)
2 zerdrückte Knoblauchzehen
12 große Spinatblätter
2 reife Tomaten, geschält und kleingeschnitten
250 g Ricotta
2 EL kleingeschnittenes Basilikum
nach Belieben gemahlene Muskatnuß
60 g geriebener Parmesan

FÜR DIE TOMATENSAUCE:
1 Dose Tomaten (425 g)
1 EL Tomatenmark
1 TL Zucker

1 Die Pastamuscheln in sprudelndem Salzwasser al dente kochen. Abtropfen lassen, unter kaltem Wasser abschrecken und wieder abtropfen lassen.
2 Öl, Zwiebeln, Pancetta und Knoblauch in einer Pfanne vermengen. Bei mittlerer Hitze kochen, bis die Zwiebeln weich sind.
3 Spinatstiele entfernen und die Blätter fein schneiden. Spinat und Tomaten in die Pfanne geben, gar kochen.
4 Vom Herd nehmen. Ricotta, Basilikum und Muskat beigeben. Mit einem Löffel in die Pastamuscheln füllen, auf ein gefettetes Backblech legen und mit Parmesan bestreuen. Bei mittlerer Backtemperatur (180 °C) ca. 10 Min. erhitzen. Mit Tomatensauce servieren.
5 Für die Tomatensauce die Tomaten samt dem Tomatensaft glattmixen. Durch ein Sieb passieren, um die Kerne zu entfernen. In einem kleinen Kochtopf mit Tomatenmark und Zucker vermengen. Aufkochen lassen, Hitze reduzieren und 3 Min. köcheln lassen.

TIP
Kochen Sie die Pastamuscheln al dente. Zu langes Kochen führt dazu, daß die Muscheln reißen.

Zwiebeln, Knoblauch und Pancetta so lange kochen, bis die Zwiebeln weich sind.

Die geschälten und zerkleinerten Tomaten in die Spinatmischung geben.

Ricotta, Basilikum und Muskatnuß in die Spinatmischung rühren.

Mit einem Teelöffel die Pastamuscheln sorgfältig füllen.

Risotto mit Porcinipilzen und Zwiebeln

1 Päckchen (15 g) geschnittene getrocknete Porcinipilze
1 l Hühnerbrühe
60 g Butter
2 kleingeschnittene Zwiebeln
1 zerdrückte Knoblauchzehe
300 g Arborio-Reis
150 g frische Pilze, kleingeschnitten
2 EL kleingeschnittene Petersilie
30 g geriebener Parmesan

Vorbereitungszeit: 10 Min. + 45 Min. für das Einweichen
Kochzeit: 30 Min.
Für 4 Personen

1 Die Porcinipilze in einem Schälchen mit heißem Wasser 45 Min. einweichen. Abtropfen lassen. Hühnerbrühe zum Kochen bringen.

2 Unterdessen Butter in einem Kochtopf schmelzen. Zwiebeln und Knoblauch dazugeben und bei kleiner Hitze bräunen lassen.

3 Reis hineingeben, gut verrühren. Etwa eine Tasse von der heißen Brühe hinzugeben und zum Kochen bringen. Unter häufigem Rühren so lange einkochen lassen, bis die Flüssigkeit beinahe verdampft ist.

4 Noch eine Tasse Brühe dazugeben. Unter häufigem Rühren so lange kochen, bis die Flüssigkeit beinahe verdampft ist. Die Porcini und die frischen Pilze hineingeben und wie oben tassenweise Brühe hinzugeben. Bis die Brühe vollständig dazugegeben ist, dauert es ca. 20 Min.

5 Hitze kleinstellen, Petersilie und Parmesan hineinrühren. Zudecken. 2 Min. kochen; sofort servieren.

Um den Risotto breiig zu bekommen, ist es Tradition, die Brühe nach und nach zum Reis zu geben. Risotto sollte sofort serviert werden.

TIP

Porcini sind wilde Pilze, die ein sehr starkes Eigenaroma haben. Man erhält sie nur in getrockneter Form und in Feinkostgeschäften. Sollten sie nicht erhältlich sein, kann man sie durch weitere 200 g frische Pilze ersetzen.

Den Arborio-Reis zur Butter-Zwiebel-Mischung geben.

1 Tasse Hühnerbrühe über den Reis gießen und einkochen lassen.

Die Porcini und die frischen Pilze zur Reismischung geben.

Petersilie und Parmesan darunterrühren. 2 Min. kochen lassen.

Traditionelle Knusper-Pizza

Vorbereitungszeit: 30 Min.
Backzeit: 30 Min.
Für 4 Personen

FÜR DEN BODEN:
7 g Trockenhefe
2 TL Zucker
180 ml warmes Wasser
knapp 400 g Mehl
eine Prise Salz

FÜR DEN BELAG:
180 ml Tomatenpastasauce aus der Flasche
125 g italienische Salami, in Scheiben und anschließend in Streifen geschnitten
2 EL kleingeschnittenes Basilikum
150 g kleinköpfige Pilze, in Scheiben geschnitten
1 Zwiebel, in dünne Scheiben geschnitten
1/2 grüne Paprikaschote, in Streifen geschnitten
12 entsteinte schwarze Oliven, halbiert
6 Sardellenfilets
100 g geriebener Mozzarella
2 EL geriebener Parmesan

1 Für den Boden: Hefe und Zucker in ein Schälchen mischen, das warme Wasser hineinrühren.
2 Mehl und Salz in eine Schüssel sieben, Hefemischung dazugeben und gut verrühren.
3 Den Teig auf leicht bemehlter Tischfläche ca. 10 Min. kneten, bis er glatt und elastisch ist. Zu einer runden Fläche ausrollen, die auf ein Backblech von 30 cm Durchmesser paßt.
4 Tomatensauce über die Pizza geben und mit Salami, Basilikum, Pilzen, Zwiebeln, Paprikaschoten und Oliven belegen. Die Sardellenfilets darüberlegen und mit Mozzarella und Parmesan bestreuen.
5 30 Min. bei mäßiger Hitze (190 °C) backen.

TIP
Eine Pizzavariante: halbieren Sie den Pizzateig, rollen Sie ihn zu einer Fläche von 25 cm Durchmesser aus, belegen Sie eine Seite mit der Hälfte der Zutaten. Schlagen Sie die unbelegte Teighälfte auf die belegte, so daß ein Halbrund entsteht. Drücken Sie die Ränder aneinander. Verfahren Sie auf gleiche Weise mit dem restlichen Teig und dem übrigen Belag. Geben Sie beide Teile auf ein Backblech und backen Sie sie bei 190 °C 30 Min.

Mischung aus Hefe, Zucker und Wasser zum gesiebten Mehl geben.

Den Teig mit einem Nudelholz zu einer Fläche von 30 cm Durchmesser ausrollen.

Tomatensauce gleichmäßig über den Pizzaboden verteilen.

Die Pizza gleichmäßig belegen, zuoberst die Sardellenfilets.

Fleisch und Geflügel

Italien ist berühmt für seine Kalbfleischgerichte. In diesem Kapitel finden Sie schnelle und einfache Rezepte für Kalbsschnitzel und Kalbfleisch mit Salbei und Zitrone. Es gibt auch ein Rezept für in Wein geschmortes Hühnerfleisch mit Kräutern und Knoblauch.

Rindfleisch mit Bocconcinisalat an Pesto-Dressing

Vorbereitungszeit: 25 Min.
Kochzeit: 20 Min.
Für 4 Personen

500 g Rinderfilet am Stück
frischgemahlener schwarzer Pfeffer
1 EL Olivenöl
30 g Butter
6 Bocconcini
8 abgetropfte Artischockenherzen aus dem Glas oder aus der Dose
4 abgetropfte Paprikaschoten (Pimientos) aus der Dose oder aus dem Glas
8 Radiccio-Salatblätter

PESTO-DRESSING:
100 ml Olivenöl
1 EL Zitronensaft
1/2 Bund Petersilie
ca. gleiche Menge Basilikumblätter
1 EL Kapern

1 Das Filet mit einem Bindfaden zusammenbinden. Großzügig mit Pfeffer bestreuen. In einer Bratform Öl und Butter erhitzen. Das Filet rundherum anbraten, bis es schön braun ist. Im 190 °C heißen Backofen 20 Min. oder länger braten, je nach Geschmack. Vor dem Tranchieren auf Zimmertemperatur abkühlen lassen.

2 Bocconcini in Scheiben schneiden, die Artischockenherzen halbieren, die Paprikaschoten in Streifen schneiden. Auf einem Teller zusammen mit den Salatblättern und den Filetscheiben anordnen.

3 Für das Pesto-Dressing mit dem Mixer oder der Küchenmaschine Öl, Zitronensaft, Petersilie, Basilikum und Kapern so lange mixen, bis eine glatte Sauce entsteht.

Das Filet in eine Bratform geben und gleichmäßig anbraten.

Artischockenherzen halbieren, Bocconcini in dünne Scheiben schneiden.

Die abgetropften Paprikaschoten in lange dünne Streifen schneiden.

Öl, Zitronensaft, Basilikum, Petersilie und Kapern mischen.

Kalbsschnitzel mit Aubergine und Tomate

Vorbereitungszeit: 25 Min.
Kochzeit: 20 Min.
Für 4 Personen

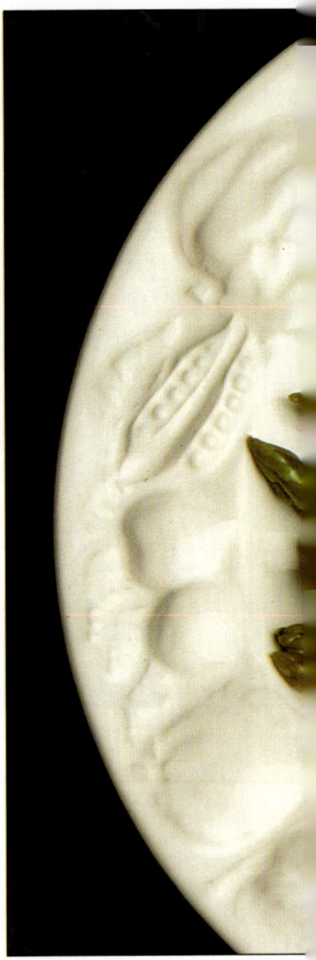

4 große Kalbsschnitzel
Mehl zum Bestäuben
60 g Butter
1 kleine Aubergine, in dünne Scheiben geschnitten
1 große Tomate, in dünne Scheiben geschnitten
4 Scheiben Fontinakäse
2 TL Oregano
frisch gemahlener schwarzer Pfeffer

1 Das Fleisch mit Mehl bestäuben. Butter in einer Pfanne erhitzen, bis sie braun zu werden beginnt. Kalbsschnitzel nacheinander auf beiden Seiten ca. 30. Sek. anbraten und wieder herausnehmen.

2 Auberginenscheiben in der Pfanne von beiden Seiten braten, bis sie bräunlich sind. Herausnehmen.

3 Kalbsschnitzel auf ein großes Stück Alufolie geben, mit Auberginen, Tomaten und zuletzt dem Käse belegen. Oregano und Pfeffer darüberstreuen.

4 Die Folie lose zu einem Päckchen zusammendrükken, dabei zwischen Folie und dem Käse etwas Luft lassen. Die Päckchen auf ein Backblech legen. Bei mäßiger Hitze (180 °C) ca. 20 Min. backen, bis das Gemüse gar ist.

Das Fleisch mit Mehl bestäuben und rasch beidseitig in Butter anbraten.

Fleisch, Auberginen- und Tomatenscheiben auf ein großes Stück Folie geben.

Käsescheiben über die Tomaten legen und Oregano darüberstreuen.

Die Folie lose hochnehmen, um ein Päckchen zu formen.

Kalbskoteletts mit Salbei

Vorbereitungszeit:
10 Min.
Kochzeit:
10 Min.
Für 4 Personen

4 Kalbskoteletts vom Lendenstück
Mehl zum Bestäuben
1 verquirltes Ei
2 EL Milch
120 g Paniermehl
1 EL feingeschnittener frischer oder 2 TL getrockneter Salbei
30 g Butter
1 EL Olivenöl
1 zerdrückte Knoblauchzehe
Zitronenschnitze

1 Fett der Koteletts entfernen. Die losen Enden der Koteletts aufrollen und mit Zahnstochern feststecken.
2 Koteletts mit Mehl bestäuben. Ei und Milch vermengen und die Koteletts damit bestreichen. Paniermehl mit Salbei mischen und Fleisch darin wenden.
3 Butter, Öl und Knoblauch in einer großen Bratpfanne erhitzen. Die Koteletts hineingeben. Von beiden Seiten bei mittlerer Hitze durchbraten. Mit halbierten Zitronenscheiben servieren.

TIP
Wollen Sie Paniermehl selbst herstellen, geben Sie Scheiben von altem Brot und Brotrinden auf ein Backblech und backen Sie sie bei niedriger Backtemperatur (150 °C), bis sie goldbraun, trocken und knusprig sind. Mit einem Nudelholz oder in der Küchenmaschine verarbeiten Sie sie zu Paniermehl.

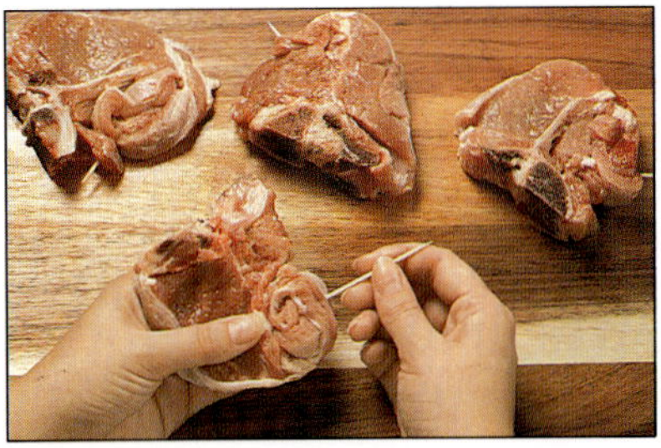

Die losen Enden der Koteletts aufrollen und mit Zahnstochern feststecken.

Jedes Kotelett gut mit der Milch-Ei-Mischung bestreichen.

Jedes Kotelett gleichmäßig in der Paniermehlmischung wenden.

Koteletts in der Bratpfanne bei mittlerer Hitze braten.

Hähnchen mit Schinken und Sardellenbutter

Vorbereitungszeit: 30 Min.
Kochzeit: 20 Min.
Für 4 Personen

8 kleine Hähnchenbrustfilets
3 EL kleingeschnittene Petersilie
30 g geriebener Parmesan
2 TL abgeriebene Zitronenschale
2 zerdrückte Knoblauchzehen
2 EL saure Sahne
4 Scheiben roher Schinken
125 ml Weißwein

FÜR DIE SARDELLENBUTTER:
4 Eigelb
4 Sardellenfilets aus der Dose
2 TL Senf
2 EL Zitronensaft
125 g geschmolzene Butter

1 Hähnchenfilets leicht flachklopfen, mit der aufgeschnittenen Seite nach oben auf die Arbeitsfläche legen.

2 Petersilie, Parmesan, abgeriebene Zitronenschale, Knoblauch und saure Sahne vermengen. Diese Masse über die Hälfte jedes Hähnchenfilets verteilen, mit einer halben Schinkenscheibe abdecken.

3 Filets zusammenklappen, so daß die Füllung bedeckt wird. Mit Zahnstochern feststecken.
Nebeneinander in eine Backform geben. Wein dazugießen und bei mittlerer Hitze (180 °C) ca. 20 Min. backen, bis das Fleisch gar ist. Flüssigkeit abgießen.

4 Für die Sardellenbutter: Eigelb, Sardellenfilets, Senf und Zitronensaft in den Mixer oder die Küchenmaschine geben. So lange mixen, bis eine glatte Sauce entsteht. Die heiße leicht schäumende Butter bei laufendem Motor dazufügen. Über die Hähnchenfilets gießen und sofort servieren.

TIP

Die Zutaten für die Sardellenbutter können schon 8 Std. vor der Mahlzeit miteinander vermengt werden. Die Butter erst kurz vor dem Servieren dazugeben.

Hähnchenfilets mit der Mischung aus saurer Sahne und Käse bestreichen.

Schinkenscheiben über die Filets legen, zusammenklappen und feststecken.

Hähnchenfilets in die Backform geben und Wein dazugießen.

Die heiße, geschmolzene Butter in die Küchenmaschine gießen.

Hähnchen mit Zitrone, Knoblauch und Rosmarin

Vorbereitungszeit: 20 Min.
Kochzeit: 40 Min.
Für 4 Personen

1 Hähnchen (1,5 kg)
2 EL Olivenöl
30 g Butter
4 zerdrückte Knoblauchzehen
1 EL Rosmarinblättchen
2 kleine rote Peperoni, kleingeschnitten
150 ml Weißwein
Schale einer halben Zitrone, in Streifen geschnitten
60 ml Zitronensaft
150 ml Hühnerbrühe

1 Hähnchen in servierfertige Teile schneiden.

2 Öl und Butter in einer großen Bratpfanne erhitzen. Hähnchenteile anbraten und bei mittlerer Hitze bräunen lassen. Gelegentlich wenden, so daß sie nicht an der Pfanne haften.

3 Knoblauch, Rosmarin, Peperoni und Wein dazugeben. Pfanne zudecken, Hitze kleinstellen und 40 Min. köcheln lassen, bis das Fleisch gar ist.

4 Hähnchenteile herausnehmen und warm stellen. Überschüssiges Fett vom Fleischsaft in der Pfanne abschöpfen. Zitronenschale, Zitronensaft und Brühe dazufügen. Zum Kochen bringen, 3 Min. kochen lassen. Vor dem Servieren über die Hähnchenteile gießen.

Hähnchenteile in Butter und Öl bräunen. Wenden, damit sie nicht anbrennen.

Wein über Hähnchenteile gießen, Peperoni und Rosmarin dazugeben.

Die garen Hähnchenteile aus der Pfanne nehmen.

Brühe, Zitronensaft und -schale in die Pfanne geben und 3 Min. köcheln lassen.

Hähnchenfilets mit Oliven- und Pimientofüllung

8 Hähnchenfilets
1/2 Dose Pimientos, (ca 200 g) abgetropft
24 entsteinte schwarze und grüne Oliven
1 kleine rote Peperoni, halbiert, entkernt
1 Knoblauchzehe
6 große Basilikumblätter
1 EL Öl
30 g Butter
250 ml Wasser oder Weißwein

1 Hähnchenfilets mit der geschnittenen Seite nach oben auf die Arbeitsfläche legen. Die Filets mit einem Fleischklopfer leicht klopfen.

2 Pimientos in Stücke schneiden, die groß genug sind, um die Hälfte jedes Filets zu bedecken.

Vorbereitungszeit: 15 Min.
Kochzeit: 15 Min.
Für 4 Personen

3 Oliven, Peperoni, Knoblauch und Basilikum im Mixer zerkleinern oder von Hand kleinschneiden. Auf die Pimientos geben.

4 Die gefüllten Pimientos auf die Filets legen, diese zusammenklappen und mit Zahnstochern feststecken.

5 In einer großen Bratpfanne Öl und Butter bei kleinem Feuer erhitzen. Eine Schicht Hähnchenfilets hineingeben. Auf Mittelhitze stellen und Hähnchenfilets auf beiden Seiten bräunen. Mit einem Pfannenwender gelegentlich vom Pfannenboden lösen, so daß die Filets nicht haften.

6 Wasser oder Wein dazugeben. Zum Kochen bringen, Hitze reduzieren und auf kleinem Feuer ca. 10 Min. kochen lassen, bis das Fleisch gar ist. Die Hähnchenfilets mit dem Fleischsaft servieren.

TIP

☐ Pimientos (Spanisch für Paprikaschote) werden gekocht und geschält, bevor sie in Dosen oder Gläser gefüllt werden.

☐ Verwenden Sie Reste von Hühnerfleisch und Knochen, um Ihre eigene Hühnerbrühe herzustellen. Dazu geben Sie Fleisch und Knochen zusammen mit etwas Gemüse – Zwiebeln, Möhren und Sellerie – und Gewürzen in einen Topf. So viel Wasser zugeben, daß das Ganze bedeckt ist. 2 Std. leicht kochen lassen.

Hähnchenfilets zwischen zwei Lagen Plastikfolie legen und flachklopfen.

Oliven, Peperoni, Knoblauch und Basilikum fein hacken oder im Mixer zerkleinern.

Olivenmischung gleichmäßig auf die Pimientos verteilen, zusammenklappen und feststecken.

Wasser auf die Filets in den Topf gießen, Deckel schließen, Hitze reduzieren.

Meeresfrüchte

Da Italien fast vollständig vom Meer umgeben ist, kann man dort die verschiedensten Meeresfrüchte genießen. Frischer Fisch wird mit Zitrone, Olivenöl und gut gelagertem Essig verfeinert.

Gepfefferte Fenchel-Garnelen

Fenchel kann durch Sellerie ersetzt werden.

Vorbereitungszeit: 25 Min.
Kochzeit: 10 Min.
Für 4 Personen

1,5 kg frische Garnelen
1 EL Olivenöl
30 g Butter
1 in Achtel geschnittene Zwiebel
1 in Streifen geschnittene Fenchelknolle
1 rote Paprikaschote, in Streifen geschnitten
2 zerdrückte Knoblauchzehen
3 TL frisch gemahlener schwarzer Pfeffer
2 EL Weinbrand
1 EL Tomatenmark

1 Garnelen schälen; die Rückenvene entfernen, den Schwanz intakt lassen.
2 Öl und Butter erhitzen. Zwiebeln, Fenchel und die Paprikaschote darin bei mittlerer Hitze kochen, bis sie fast gar sind.
3 Knoblauch, Pfeffer und die Garnelen dazugeben; kochen, bis die Garnelen die Farbe verändern.
4 Mit Weinbrand und Tomatenmark 1 Min. unter Rühren kochen lassen.

Die Schale der Garnelen und die Rückenvene entfernen, dabei den Schwanz intakt lassen.

Die Zwiebeln, den Fenchel und die Paprikaschote in einer Pfanne kochen, bis sie gar sind.

Knoblauch, Pfeffer und Garnelen dazugeben. Unter Rühren 3 Min. kochen lassen.

Tomatenmark und den Weinbrand in die Pfanne geben. Unter Rühren 1 Min. kochen lassen.

Sardellen mit Peperoni-Kräuter-Mayonnaise

500 g frische Sardellen
Mehl zum Bestäuben
1 leicht verquirltes Ei
3 EL Milch
Öl zum Fritieren

FÜR DIE PEPERONI-KRÄUTER-MAYONNAISE:
200 g Mayonnaise
2 rote Peperoni, feingeschnitten
2 TL Zitronensaft
2 TL kleingeschnittene Petersilie
2 TL kleingeschnittenes Basilikum
2 TL kleingeschnittene Kapern

Vorbereitungszeit: 30 Min.
Kochzeit: 10 Min.
Für 4 Personen

1 Sardellen waschen und auf saugfähigem Papier trocknen lassen. Im Mehl wenden und in Ei-Milch-Mischung eintauchen.
2 Öl in Bratpfanne erhitzen. Sardellen in kleinen Mengen dazugeben und braten, bis sie goldbraun sind. Herausnehmen und auf saugfähigem Papier abtropfen lassen. Warm halten, während die übrigen Sardellen gebraten werden.
3 Für die Peperoni-Kräuter-Mayonnaise: Mayonnaise mit Peperoni, Zitronensaft, Petersilie, Basilikum und Kapern vermengen. Als Dipsauce für die Sardellen in eine Schüssel füllen.

Sardellen sind sehr kleine, schmackhafte Salzwasserfische. Sie sind so klein, daß es nicht notwendig ist, sie zu putzen. Köpfe und Schwänze werden mitgegessen.

Tip

☐ Um Kräuter frischzuhalten, legen Sie sie auf ein feuchtes Geschirrtuch und lagern Sie sie im Kühlschrank.
☐ Es ist ratsam, Handschuhe zu tragen, wenn Sie Peperoni schneiden, da sie die Haut reizen können. Sie können anstelle eines Messers auch eine Schere verwenden. Denken Sie daran, daß die Kerne äußerst scharf sind. Entfernen Sie sie, wenn Sie den Peperoni die Schärfe nehmen wollen.

Die bemehlten Sardellen in die Ei-Milch-Mischung tauchen.

Sardellen in kleinen Mengen ins Öl geben und goldgelb braten.

Mit einem großen Schaumlöffel die Sardellen herausnehmen.

Peperoni, Petersilie, Basilikum und Kapern in die Mayonnaise geben.

Thunfisch mit Kräutern und Balsamico-Essig

4 Thunfischsteaks
2 EL Olivenöl
1 EL kleingeschnittene Petersilie
1 EL kleingeschnittenes Basilikum
2 EL Balsamico-Essig

1 Öl in einer großen Bratpfanne erhitzen.

Vorbereitungszeit: 5 Min.
Kochzeit: 10 Min.
Für 4 Personen

Thunfisch hineingeben und bei mittlerer Hitze auf beiden Seiten ca. 10 Min. braten, bis er gar ist. Die Bratzeit hängt von der Dicke der Thunfischsteaks ab.

2 Die Thunfischsteaks auf eine Servierplatte geben. Mit Petersilie und Basilikum bestreuen und Balsamico darüberträufeln.

TIP

☐ Frischer Thunfisch wird trocken, wenn er zu lange erhitzt wird. Am besten ist er, wenn er in der Mitte noch rosa ist. Statt dessen können Sie jedes Fischkotelett oder -filet verwenden. Thunfischsteaks können auch gegrillt werden.

☐ Balsamico-Essig wird in Modena hergestellt. Er wird aus unfermentierten weißen Trauben gewonnen und wie Wein gelagert, was ihm ein reicheres Aroma verleiht. Balsamico ist 20 Jahre alt, wenn er in den Verkauf kommt. Sie können statt dessen Rotweinessig verwenden.

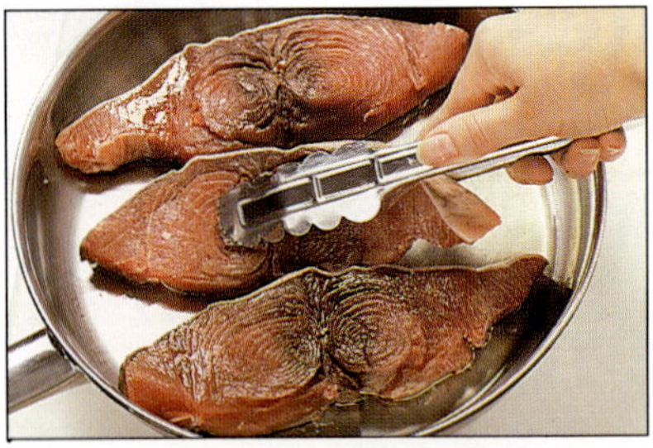

Die Thunfischsteaks in eine große Bratpfanne geben.

Die Thunfischsteaks nur einmal wenden, um sie auf beiden Seiten zu braten.

Die Thunfischsteaks auf eine Servierplatte geben. Mit Petersilie und Basilikum bestreuen.

Balsamico löffelweise über den Thunfisch geben und sofort servieren.

Desserts und Kuchen

Italienische Nachspeisen sind süß, üppig und einfach elegant.

Zitronen-Zabaione

Vorbereitungszeit: 5 Min.
Kochzeit: 5 Min.
Für 4 Personen

3 Eigelb
60 g Zucker
1 1/2 EL Marsala
60 ml Zitronensaft
100 ml Weißwein
8 Mandelbiscuits

1 Eigelb und Zucker in einer hitzebeständigen Schüssel schlagen, bis eine leichte und cremige Masse entsteht. Marsala, Zitronensaft und Wein dazugeben. Verquirlen, bis alles gut vermengt ist.
2 Schüssel über einen Topf mit leicht kochendem Wasser stellen. 5 Min. über der Hitze rühren oder bis die Mischung dickflüssig geworden ist.
3 In Glasschälchen füllen und mit Biscuits servieren.

Tip

Zabaione kann für sich allein serviert werden oder auch über Früchte oder Eis gegeben werden. Sie ist recht üppig, so daß nur kleine Mengen gereicht werden.

Eigelb und Zucker in einer hitzebeständigen Schüssel schlagen, bis eine cremige Masse entsteht.

Marsala, Zitronensaft und Wein dazugeben und gut verquirlen.

Schüssel über leicht kochendes Wasser stellen, so lange rühren, bis die Masse dickflüssig wird.

Zabaione in Glasschälchen abfüllen. Mit Biscuits servieren.

Tiramisu

4 Eigelb
80 g feiner Zucker
60 ml Milch
250 g Mascarpone
3 Eiweiß
250 g Löffelbiscuits
350 ml kalter Kaffee
1 EL Kakao

1 Eigelb und Puderzucker in hitzebeständiger Schüssel schlagen, bis eine leichte und cremige Masse entsteht. Milch dazugeben und schlagen, bis alles gut vermengt ist.

2 Schüssel über einen Topf mit leicht kochendem Wasser stellen. So lange rühren, bis die Masse eingedickt ist. Abkühlen lassen.

Vorbereitungszeit: 20 Min.
Kochzeit: 5 Min. + 6 Std. für das Kühlen
Für 6 Personen

3 Mascarpone in die Mischung geben und gut verrühren. Eiweiß schlagen, vorsichtig unter die Mischung heben.

4 Löffelbiscuits kurz in den Kaffee eintauchen, bis sie feucht, aber nicht ganz durchweicht sind. Ein Viertel der Biscuits auf den Boden einer flachen Schüssel von 1,5 l Inhalt oder einer mit Backpapier ausgeschlagenen Kastenform verteilen. Ein Drittel der Mascarpone-Mischung darübergeben. Dies mit den übrigen Biscuits und dem Mascarpone wiederholen.

5 Zudecken und mindestens 6 Std. – besser über Nacht – kühl stellen. Vor dem Servieren den Kakao darübersieben. Sollte eine Kastenform verwendet werden, kann man das Tiramisu auf eine Platte stürzen. Dann siebt man Kakao darüber und schneidet es in Scheiben.

TIP

- ☐ Espresso oder Filterkaffee ergeben den besten Geschmack für dieses Rezept, doch man kann auch Nescafé verwenden.
- ☐ Mascarpone wird aus frischer Sahne hergestellt, zu der ein saurer Zusatz wie z.B. Zitronensaft gegeben wird. Die Mischung läßt man ein paar Tage ruhen, bis sie fest wird. Mascarpone ist von cremiger Konsistenz und hat einen leicht säuerlichen Geschmack, ähnlich wie saure Sahne oder Crème fraîche. Man kann ihm mit Likör einen besonderen Geschmack verleihen.

Mascarpone zur Ei-Mischung geben. Glattrühren.

Eiweiß mit einem Löffel unter die Ei-Mischung heben.

Löffelbiscuits kurz in Kaffee eintauchen. Sie sollten feucht, aber nicht durchweicht sein.

Die Mascarpone- und Löffelbiscuitschichten wiederholen.

Zitronen-Limonen-Eis

500 ml Wasser
250 g Zucker
180 ml Zitronensaft
180 ml Limonensaft
2 Eiweiß

Vorbereitungszeit: 25 Min.
Kochzeit: 10 Min., zusätzlich die Gefrierzeit
Für 4 Personen

1 Wasser und Zucker in einem Kochtopf unter Rühren auflösen und zum Kochen bringen. Hitze reduzieren und 10 Min. köcheln lassen. Abkühlen lassen.

2 Zitronen- und Limonensaft in den Sirup gießen und in ein großes flaches Gefäß geben. Ca. 1 Std. ins Gefrierfach stellen, bis die Masse fest, aber nicht hartgefroren ist.

3 Die Mischung in die Küchenmaschine oder ein Mixgefäß geben. Eiweiß dazugeben, glattrühren. Die Masse wieder in die Gefrierform geben und einfrieren, bis sie fest ist.

TIP

☐ Für ein köstliches Himbeereis 200 g frische oder aufgetaute Himbeeren in das Mixgerät oder die Küchenmaschine geben und glattrühren. Durch ein Sieb passieren, um die Kerne zu entfernen. Nur die halbe Menge Zitrussaft verwenden und das Himbeerpüree zum Saft geben.

☐ Jeder frische Zitrusfruchtsaft kann für dieses Rezept verwendet werden, entweder pur oder mit andern Sorten kombiniert, z.B. Orangen-, Mandarinen- oder Tangarinensaft, ebenso wie Zitronen- oder Limonensaft.

Wasser und Zucker in einen Kochtopf geben. Erwärmen und unter Rühren auflösen.

Zitronen- und Limonensaft zum abgekühlten Zuckersirup gießen.

Die gefrorene Mischung mit dem Mixgerät schlagen und das Eiweiß darunterschlagen.

Die Mischung wieder in die Gefrierform füllen. Einfrieren, bis das Eis fest ist.

Schokoladentorte mit Ricotta

Vorbereitungszeit: 30 Min.
Backzeit: 40 Min.
Für 8 Personen

Ideal für ein Fest.

FÜR DEN KUCHEN:
125 g weiche Butter
250 g feiner Zucker
2 Eier
200 g bereits mit Backpulver vermischtes Mehl
50 g Kakao
180 ml Wasser

FÜR DIE FÜLLUNG:
200 g Ricotta
2 EL Puderzucker
30 g gemischtes Orangeat und Zitronat, feingeschnitten
30 g glasierte Kirschen, feingeschnitten

FÜR DIE GLASUR:
2 TL Nescafé-Pulver
1 TL heißes Wasser
300 ml Sahne

60 ml Weinbrand
120 g Mandelstifte, geröstet

1 Butter, Zucker, Eier, das gesiebte Mehl, Kakao und Wasser in eine Rührschüssel geben und ca. 3 Min. mit dem Mixer rühren, bis die Masse glatt ist.
2 Die Mischung in eine gefettete und mit Backpapier ausgelegte Kuchenform vom 23 cm Durchmesser geben. Bei mäßiger Hitze (180 °C) ca. 40 Min. backen. Auf einem Kuchengitter abkühlen lassen. Unebenheiten an der Oberfläche des Kuchens abschneiden, so daß er gleichmäßig flach ist. Den Kuchen horizontal in 3 Schichten schneiden.
3 Für die Füllung Ricotta, Zucker und alle kandierten Früchte vermengen.
4 Sahneschicht zum Bestreichen: Kaffeepulver in Wasser auflösen, mit der Sahne vermengen und beides zu Schlagsahne schlagen.
5 Um die Torte fertigzustellen, eine Kuchenschicht auf eine Tortenplatte legen, ein Drittel des Weinbrands daraufträufeln und die Hälfte der Ricottafüllung darauf verteilen und glattstreichen. Die zweite Kuchenschicht darauflegen, ein Drittel des Weinbrands daraufträufeln und den Rest der Ricottafüllung darauf verteilen und glattstreichen. Die restliche Kuchenschicht darauflegen, den übrigen Weinbrand daraufgeben. Die Oberfläche und die Ränder des Kuchens mit der Kaffee-Sahne-Mischung bestreichen. Den Rand mit den Mandelstiften verzieren. Diese Torte kann zwei Tage im voraus gebacken und fertiggestellt werden. Zugedeckt und gekühlt lagern.

TIP
Die gefüllte Torte (ohne äußere Sahneschicht) kann bis zu einem Monat eingefroren werden. Die Torte vor dem Bestreichen mit der Sahnemischung bei Zimmertemperatur auftauen.

Evtl. Unebenheiten an der Oberfläche des Kuchens abschneiden; ihn dann in drei Schichten schneiden.

Den Ricotta mit dem Zucker und den kandierten Früchten vermengen.

Die Ricotta-Mischung gleichmäßig zwischen den Kuchenschichten verstreichen.

Die Oberfläche und die Ränder der Torte mit der Sahnemischung bestreichen.

Glossar

Arborio-Reis: Großkörniger weißer Reis, der viel Flüssigkeit aufnehmen kann und deshalb ideal für Risotto ist.

Balsamico-Essig: Ursprünglich aus Modena (Italien). Er wird wie Wein gelagert und erhält dadurch einen reichhaltigeren Geschmack.

Bocconcini: (siehe Käse)

Käse:

Bocconcini: Frischer Mozzarella, zu kleinen Pastetchen geformt. Ideal für Antipasti und Salate.

Feta: Krümeliger Käse mit kräftigem Geschmack. Aus Schafs-, Ziegen- oder Kuhmilch hergestellt und in Salzwasser gelagert.

Fontina: Weicher, butterähnlicher Käse aus dem Aostatal (Norditalien). Ideal zum Schmelzen.

Gorgonzola: Sahniger, mit Blauschimmel durchzogener Käse mit durchdringendem Geschmack, ursprünglich aus der Lombardei.

Mozzarella: Glatter, weicher, elastischer Käse mit mildem Geschmack, ideal zum Überbacken.

Parmesan: Hartkäse, den man stückweise kauft. Er bekommt den besten Geschmack, wenn er im Kühlschrank gelagert wird, vor dem Servieren aber einige Zeit bei Zimmertemperatur steht. Am besten reibt man ihn erst unmittelbar vor dem Gebrauch.

Pecorino: Ähnlich wie Parmesan, aus Schafs- oder Kuhmilch hergestellt, mit kräftigem, strengem Geschmack.

Ricotta: Frischer, ungereifter Käse, der während der Herstellung anderer Käsesorten entsteht. Ist von weicher, cremiger Beschaffenheit und von mildem, süßlichem Geschmack.

Kapern: Blumenknopsen vom Kapernstrauch. Sie werden gewöhnlich in Essig eingelegt.
Sie haben einen pikanten Geschmack.

Kräuter, frische: Frische Kräuter geben der italienischen Küche den besonderen Pfiff. Um Kräuter frisch zu halten, hebt man sie am besten in einem sauberen, feuchten Geschirrtuch im Kühlschrank auf.

Marsala: Kräftiger Süßwein, ursprünglich bei Marsala (Italien) hergestellt.

Mascarpone: Wird manchmal auch zu den Käsesorten gezählt. Er wird aus Sahne hergestellt, der man einen sauren Zusatz beigibt, z.B. Zitronensaft. Die Mischung wird so lange stehen gelassen, bis sie Klumpen bildet. Überschüssige Flüssigkeit wird dann abgegossen.
Mascarpone ist von cremiger Beschaffenheit und hat einen sahnigen, leicht säuerlichen Geschmack, ähnlich wie saure Sahne.

Oliven: Frucht des Olivenbaums. Entweder grün oder reif als schwarze Oliven geerntet.

Olivenöl: Das beliebteste Öl in der italienischen Küche: Es gibt davon drei Sorten:

1. Kaltgepreßtes Olivenöl aus erster Pressung: Die beste Qualität, aus der ersten kalten Pressung der Oliven gewonnen. Es hat eine grünliche Farbe und ist dickflüssig. Wird für Salate und Gerichte verwendet, für die der Geschmack eine große Rolle spielt. Wird im allgemeinen nicht zum Kochen verwendet.

2. Kaltgepreßtes Olivenöl: Aus

der *zweiten* kalten Pressung der Oliven hergestellt. Es hat eine goldgelbe Farbe und ist weniger dickflüssig. Es wird für Marinaden, Mayonnaisen und allgemein in der Küche verwendet.
3. Olivenöl: Aus der *dritten* Pressung gewonnen, wobei Hitze eingesetzt wird, um das Öl zu entziehen.
Ein leichtes Öl von blaßgoldener Farbe. Es eignet sich zum Fritieren und zum Kochen.
Pancetta: Luftgetrockneter Bauchspeck, gesalzen und gewürzt. Er kann so gegessen werden oder zusammen mit anderen Zutaten zum Kochen verwendet werden.
Pasta: Teig aus Mehl und Wasser, manchmal unter Hinzugabe von Eiern. Pasta gibt es zu Spaghetti gerollt oder in einer Vielzahl von Formen. Pasta kann hausgemacht oder in Pasta-Geschäften gekauft werden, wo sie frisch hergestellt wird. Getrocknete Pasta (Nudeln oder Teigwaren) erhält man abgepackt in fast allen Geschäften. Die Qualität ist je nach Marke verschieden. Nudeln aus Durumweizen haben die beste Konsistenz und lassen sich am leichtesten verarbeiten.
Pimiento: Spanische Bezeichnung für Paprikaschoten. Sie werden in der italienischen Küche sehr häufig verwendet. Sie werden geschält und in Wasser oder Öl eingelegt und in Dosen oder im Glas verkauft.
Polenta: Auch Maisgrieß oder Kukuruz genannt. Wird zu einer grießbreiähnlichen Masse, der eigentlichen Polenta, gekocht, die man zu Mahlzeiten reicht. Es wird auch eine Art Brot daraus gebacken.
Porcini-Pilze: Wildpilze, die in getrockneter Form importiert werden. Sie haben ein kräftiges Aroma und werden sparsam verwendet.
Prosciutto: Roher, ungeräucherter Schinken. Kann so gegessen oder mit anderen Zutaten zum Kochen verwendet werden.
Römersalat: Auch unter dem Namen Latugasalat bekannt. Wird für Salat verwendet oder sautiert. Er hat kleine längliche Blätter und schmeckt leicht nach Pfeffer.
Sambuca: Farbloser Likör mit Anisgeschmack. Wird traditionellerweise in Likörgläsern mit drei Kaffeebohnen serviert. Er wird ein paar Sekunden angezündet, damit die Bohnen geröstet werden und ihren Geschmack freisetzen.
Sardellen: kleiner Salzwasserfisch. Kann hin und wieder frisch gekauft werden, ist jedoch normalerweise in Dosen oder Gläschen erhältlich. Sardellen haben einen kräftigen Geschmack. Um sie milder zu bekommen, kann man sie vor dem Verwenden ca. 20 Minuten in Milch legen.
Tintenfischfangarme: Auch als Calamari bekannt. Kleine Tintenfische, die vor dem Verkauf gereinigt und enthäutet werden.
Tomaten: Nur reife Tomaten entfalten ihr volles Aroma. Tomaten sollten bei Zimmertemperatur und nicht im Kühlschrank reifen.
Wenn Tomaten kalt serviert werden müssen, diese nur kurz in den Kühlschrank legen.

Register

Antipasto-Platte, gemischt 8

Blumenkohl auf neapolitanische Art 18
Bohnen
  Genueser Bohnen- und Kartoffelauflauf 14
  Nudelsuppe mit Fleischkügelchen und Bohnen 4

Carpaccio 12

Eis:
  Zitronen-Limonen-Eis 58

Garnelen, gepfefferte mit Fenchel 48
Gemischte Antipasto-Platte 8
Genueser Bohnen- und Kartoffelauflauf 14
Gepfefferte Garnelen mit Fenchel 48
Golden gebratene Sardinen mit Sambuca 6

Hühnerfleisch:
  Hähnchen mit Schinken und Sardellenbutter 42
  Hähnchenfilets mit Oliven und Pimientofüllung 46
  Hähnchen mit Zitrone, Knoblauch und Rosmarin 44

Kalbfleisch:
  Kalbsschnitzel mit Aubergine und Tomate 38
  Kalbskoteletts mit Salbei 40
Kartoffelauflauf mit Bohnen, Genueser 14
Kürbisravioli mit brauner Butter und Pecorino 28
Lasagne mit Spinat, Schinken und Pilzen 24

Meeresfrüchte:
  gepfefferte Garnelen mit Fenchel 48
  Meeresfrüchte-Tomaten-Suppe 2
  Meeresfrüchte mit sahniger Sauce und Penne 26

Neapolitanischer Blumenkohl 18
Nudelsuppe mit Fleischkügelchen und Bohnen 4

Paprikaschoten in Kräutermarinade 10
Pancetta-Pastamuscheln mit Spinat und Käse 30
Pasta
  Penne mit sahniger Sauce aus Meeresfrüchten 26
  Pancetta-Pastamuscheln mit Spinat und Käse 30
Penne mit sahniger Sauce aus Meeresfrüchten 26
Pesto 36
Pizza, knusprige 34
Polenta gebacken, mit Ratatouille 20

Ratatouille mit gebackener Polenta 20
Ravioli, Kürbisravioli mit brauner Butter und Pecorino 28
Rindfleisch
  mit Bocconcinisalat an Pesto-Dressing 36
  Carpaccio 12
Risotto mit Porcinipilzen und Zwiebeln 32
Römersalat mit Käse und Walnüssen 16

Salate:
  Römersalat mit Käse und Walnüssen 16
Sardellen, gebackene mit Peperoni-Kräuter-Mayonnaise 50
Sardellenbutter 42
Sardinen, golden gebraten, mit Sambuca 6
Schokoladentorte mit Ricotta 60
Spaghetti Puttanesca 22
Spinat:
  Lasagne mit Schinken und Pilzen 24
  Pancetta-Pastamuscheln mit Spinat und Käse 30
Suppe:
  Meeresfrüchte-Tomaten-Suppe mit Fleischkügelchen und Bohnen 4

Thunfisch mit Kräutern und Balsamico-Essig 52
Tiramisu 56
Tomaten:
  Meeresfrüchte-Tomaten-Suppe 2
Torte:
  Schokoladentorte mit Ricotta 60

Zitronen:
  Zitronen-Limonen-Eis 58
  Zabaione 54